Guía de adoración eucarística con niños

Génesis Shulamit Vian García
Pedro de la Herrán

Guía de adoración eucarística con niños

Autora:
Génesis Shulamit Vian García

Coordinador:
Pedro de la Herrán

Colaboradores:

D. Serafín Vizoso Avendaño,
párroco de la Parroquia Nª Sª de la Paz, Vigo.

D. Justo Rosendo Paiva,
vicario de la Parroquia de San Fausto de Chápela, Vigo.

D. José Alberto Montes Rajoy,
párroco de la Parroquia Santa Marta de Vigo.

Y agradecemos mucho la colaboración prestada
por los catequistas.

BIBLIOTHECA HOMO LEGENS

Nihil obstat
Obispado de Tui-Vigo · 27 de enero de 2025

Con agradecimiento especial al libro *Oraciones para los más pequeños* (editorial Oceano) por ser fuente de inspiración para las oraciones de esta guía.

BIBLIOTHECA HOMO LEGENS

Primera edición: mayo de 2025
Segunda edición: diciembre de 2025

© Génesis Shulamit Vian García, Pedro de la Herrán
© Editorial IVAT S.L. 2025
Calle Nicasio Gallego, 9, local
28010 Madrid
91 005 35 54
www.homolegens.com

ISBN: 978-84-17407-54-4
Depósito legal: M-27300-2025

Diseño y maquetación: Pablo Larrocha
Ilustración de cubierta: Paula Hervás
Ilustraciones: freepik.es

Impreso en España - Printed in Spain

ÍNDICE

Presentación

Estos encuentros con Jesús han nacido del deseo de responder a su llamada cuando dijo: **«Dejad que los niños se acerquen a mí y no se lo impidáis, porque de los que son como ellos es el Reino de Dios»** (Mc 10, 14).

La presente guía se dirige a quienes organizan estas adoraciones eucarísticas y a los asistentes (catequistas, niños y padres). Los organizadores encontrarán en ella toda la información necesaria para preparar el encuentro de cada mes; y las familias podrán usar la guía para la preparación previa y para cada encuentro mensual.

En las siguientes páginas ofrecemos nuestra experiencia, que hemos querido compartir con otras familias con el fin de ayudarlas a crecer en el amor a la Eucaristía. Es ante Jesús Sacramentado cuando gozamos especialmente de su presencia y de su amor, fortalecemos nuestra fe y recibimos muchos regalos del Señor para nosotros y para los demás. Podemos decir con san Pedro: **«Señor, ¡qué bueno es que estemos aquí!»** (Mt 17, 4).

«La familia que reza unida, permanece unida»

La canonización de Carlo Acutis es un hecho de gran importancia para los niños y jóvenes de hoy. En él tienen un modelo de santidad y de amor a la Eucaristía vividos por el primer joven que alcanzó la gloria de ser santo a los 15 años en el siglo XXI.

¿A quiénes va dirigido esta guía?

La invitación al encuentro con Jesús va dirigida a todas las familias de la feligresía con hijos desde educación infantil hasta los primeros años de la ESO. Asimismo, sería deseable que se difunda la invitación por otros cauces con la intención de acercar a más personas a Jesús Eucaristía.

¿Cuándo hacer cada encuentro?

Recomendamos que el encuentro con Jesús se tenga **una vez al mes**, a ser posible en el mismo día y horario de la catequesis; y si no fuera posible, en un día distinto según las circunstancias.

¿Por qué es importante?

La Eucaristía es la fuente y la cumbre de toda la vida cristiana (CEC, 1324), por tanto, la adoración eucarística en familia puede formar parte del programa de catequesis. Al estar delante del Señor, los niños y sus padres cultivan su fe, aprenden a escuchar, a amar y a saber acompañar a Jesús Eucaristía.

La práctica de la adoración eucarística es una profunda expresión de fe y de amor hacia Jesús presente en la Eucaristía. El Concilio de Trento reafirmó la práctica de la adoración eucarística y promovió el culto al Santísimo Sacramento. Desde hace muchos siglos se ha ido extendiendo en la Iglesia la adoración silenciosa ante el Señor presente bajo las especies eucarísticas.

Cuando los Magos llegaron a Belén, según el relato del Evangelio, **«entraron en la casa, vieron al Niño con María, su madre, y cayendo de rodillas lo adoraron»** (Mt 2, 11). La adoración solo se debe a Dios, es propia de la criatura que se postra ante su Creador. Adorar es un reconocimiento profundo de nuestra total dependencia de Dios.

Con la adoración manifestamos que creemos que en la Eucaristía está verdaderamente Jesucristo, el Hijo eterno de Dios, presente con su cuerpo, sangre, alma y divinidad.

Lo adoramos con la mente y con el cuerpo. El gesto de la genuflexión, doblando la rodilla derecha hasta la tierra, o el ponerse de rodillas durante la oración expresan nuestra adoración. «Cuando nos arrodillamos ante el Señor confesamos nuestra fe en Él y reconocemos que únicamente Él es el único Señor de nuestra vida» (Benedicto XVI).

San Alfonso María de Ligorio enseñaba que «entre todas las devociones, adorar a Jesús sacramentado es la primera después de los sacramentos, la más apreciada por Dios y la más útil para nosotros».

Miles de veces san Josemaría Escrivá rezó y recomendó rezar ante el sagrario la comunión espiritual que había aprendido de niño en el colegio de los padres escolapios: «Yo quisiera, Señor, recibiros con aquella pureza, humildad y devoción con que os recibió vuestra Santísima Madre, con el espíritu y fervor de los santos».

Es por tanto muy importante que los niños desde muy pequeños conozcan y sientan esta verdad revelada por Dios, pues les ayudará a vivir su fe en la Eucaristía de modo vivo y personal. Al permanecer un rato ante Jesús sacramentado, los niños y sus padres descubrirán que Jesús es el mejor amigo y el refugio más seguro, porque siempre nos escucha, nos perdona y nos alienta para seguir adelante.

¿Cómo es un encuentro?

Las adoraciones que aquí proponemos tienen una duración aproximada de unos 30 o 35 minutos. Los encuentros comienzan siempre con la adoración y terminan con una merienda compartida por las familias. Para preparar el encuentro tenemos «un antes, un durante y un después».

ANTES

1. Preparación de los niños

La adoración a Jesús forma parte del plan de catequesis, por tanto recomendamos que, una semana antes de cada encuentro, el catequista en la clase de catequesis:

- **Enseñe a los niños** como se debe estar ante Jesús Eucaristía, la importancia del silencio y como pueden hablar y escuchar a Jesús en la Eucaristía.
- **Complemente en su catequesis** el tema que se va a tratar el día de la adoración.
- **Junto con los niños, repase las «oraciones a Jesús» de la guía** para que ellos escojan la oración que dirán a Jesús el día del encuentro.
- **Distribuya las oraciones a los niños y al padre/madre que participan en cada encuentro.**
- **Ensaye las canciones con los niños e invite a los padres a ensayarlas en casa.** Sin duda, la música, bien escogida y preparada, ayuda a realzar la calidad del encuentro y a que todos puedan rezar mejor y pasar un rato más entrañable.

Para facilitar la preparación, será muy útil usar este librito, tanto para los ensayos como durante el propio acto.

2. Material de apoyo

- **La invitación** se envía a las familias una semana antes del encuentro. En ella se indica lo necesario (lugar, fecha y hora de la adoración y, si procede, alguna información sobre la merienda compartida que se tiene al final del encuentro).

- **Las canciones y el fondo musical** para la adoración pueden correr a cargo de los niños y/o adultos que se hayan preparado para que canten y toquen la guitarra. Si no se cuenta con personas preparadas, se puede hacer uso de la megafonía, pero siempre contando con una esmerada preparación.

3. Preparación del lugar

¡Llegar temprano para prepararlo todo muy bien!

- *Preparar el altar donde se expone el Santísimo:* deben encenderse cuatro o seis velas. Recomendamos colocar algunas flores, un foco de luz para iluminar el Santísimo y poner la iluminación de la iglesia más baja para facilitar un clima de recogimiento.
- *Al pie del altar* deberá colocarse un micrófono, para los niños y padres que pasan a leer las oraciones a Jesús.
- *En el suelo*, delante del altar, se puede colocar una alfombra y algunos cojines para que se sienten los niños.

Conviene asegurarse de que todo quede bien ordenado. Los niños perciben todos los detalles y, si nosotros les damos importancia, también ellos se las darán.

1. El silencio es un principio fundamental

Al entrar en la iglesia y al comenzar la adoración, debemos invitar a los niños al silencio, para tratar de evitar cualquier distracción.

Conviene hablar a los niños en voz baja y sin perder la paciencia. Recordemos que son niños y es normal que esto les cueste, sobre todo al principio.

La duración de los tiempos de silencio debe basarse en la experiencia y en la observación. Estos no han de ser demasiado cortos ni demasiado largos; procuraremos introducirlos progresivamente, de forma que esto no represente un agobio para ellos.

2. Postura delante del señor

Con nuestra postura corporal ante el Señor, también mostramos nuestra fe y reverencia. El catequista con su ejemplo de piedad, ha de enseñar a los niños a comportarse con reverencia y sosiego.

3. La comunicación

El catequista dispone de dos momentos importantes para dirigirse a los asistentes: *la bienvenida y el silencio guiado*; ambos deben prepararse bien para hablar con soltura y naturalidad.

El catequista ha de estar sentado en un lugar visible y próximo a los niños que van a intervenir más adelante para realizar cualquier indicación.

Para la adoración siempre seguimos las siguientes pautas:

- Bienvenida e invocación al Espíritu Santo.
- Una breve enseñanza dirigida por el sacerdote, que les ayudará a conocer y amar más a Jesús.
- Exposición del Santísimo Sacramento con canto, seguida de oraciones y silencio guiado.
- Oraciones a Jesús; momento que permite la participación de todos los niños y sus padres.
- Oración en común y recepción de la bendición con el Santísimo Sacramento.
- Oración final de consagración a la Sagrada Familia de Nazaret y canto a la Virgen María.
- Despedida dirigida por el sacerdote; proponemos se anime a los asistentes a salir del «Encuentro con Jesús» con un corazón limpio y nuevo, recibiendo el sacramento de la reconciliación instituido por Jesús. **«Si confesamos nuestros pecados, Él, que es fiel y justo, nos perdonará los pecados y nos limpiará de toda injusticia»** (1 Jn 1, 9).

DESPUÉS

Al finalizar la adoración, recomendamos que se comparta una merienda; para ello, proponemos que se prepare un salón con ambiente festivo; cada familia está invitada a aportar lo que desee. **El objetivo de este momento es crear un ambiente familiar** que se caracteriza por ser amable, alegre y feliz, como parte de nuestro «Encuentro con Jesús». De este modo, los padres pueden disfrutar mientras saludan, meriendan y conversan con otros padres; y, entre tanto, los niños meriendan, juegan y lo pasan bien con otros niños.

ADORACIÓN 1: OCTUBRE

*«Estar siempre unido a Jesús,
ese es mi proyecto de vida»*

BIENVENIDA
(Catequista de pie, los demás sentados)

(Catequista) *(Hablar despacio)* ¡Bienvenidos! Muchas gracias por estar aquí. Hoy empezamos nuestra primera adoración a Jesús y en los próximos 8 meses le acompañaremos una vez al mes, como muestra de lo mucho que lo queremos.

Antes de comenzar me gustaría comentaros algo: desde que nacimos, TODOS tenemos dentro de nosotros *(señalar el corazón)* una habitación secreta, que es un lugar especial preparado por Dios, donde solo pueden entrar dos personas: JESÚS y TÚ.

Y para poder entrar en esa habitación secreta, es necesario hacer SILENCIO. Así que, no importa lo que pase a tu alrededor, fija tu mirada en Jesús y procura escucharle con mucha atención y en silencio.

INVOCACIÓN AL ESPÍRITU SANTO

(Catequista) Comenzamos: † *En el nombre del Padre y del Hijo y del Espíritu Santo. R. Amén.*

Ahora vamos a rezar juntos al Espíritu Santo una breve oración para que nos asista en este encuentro. Repetid conmigo *(hablar despacio)*:

Ven, Espíritu Santo, llena nuestros corazones y enciende en ellos el fuego de tu amor. Envía, Señor, tu Espíritu y se renovará la faz de la tierra. Amén.

ENSEÑANZA BREVE
(3 min.)

(Sacerdote) *Ahora que venimos de las vacaciones de verano, una propuesta sería reflexionar sobre dar gracias a Jesús por toda la creación y por tantas cosas buenas que hemos podido disfrutar durante las vacaciones en familia.*

LA EXPOSICIÓN DEL SANTÍSIMO SACRAMENTO DE LA EUCARISTÍA

(Sacerdote) Ahora vamos a exponer a Jesús en la custodia. Para recibirlo con gran respeto y cariño, nos ponemos de rodillas ante Él y guardamos silencio.

*Durante la exposición del Santísimo, ♪ **todos cantamos** ♪:*

> **Dios está aquí,**
> **tan cierto como el aire que respiro,**
> **tan cierto como la mañana**
> **se levanta el sol,**
> **tan cierto porque yo le canto**
> **y me puede oír** *(bis)*
>
> *Lo puedes sentir, a tu lado*
> *en este mismo instante*
> *lo puedes llevar,*
> *muy dentro de tú corazón*
> *lo puedes sentir,*
> *en ese problema que tienes*
> *Dios está aquí y si tú quieres*
> *le puedes seguir.*

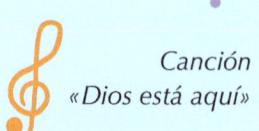

Canción
«Dios está aquí»

(Catequista) Ahora nos sentamos, para escuchar unas oraciones a Jesús. Al acabar cada oración respondemos todos:

¡Gracias, Jesús!

(Niño/a 1) Jesús, hoy venimos llenos de alegría a verte y a darte las gracias por el verano tan bonito que pudimos disfrutar en familia.

Todos: *¡Gracias, Jesús!*
♪ *Guitarra suave (durante 30 segundos).*

(Niño/a 2) Gracias Jesús, por todas las cosas buenas que nos regalaste este verano y por permitirnos disfrutar y contemplar todo lo que has creado con tanto amor para nosotros.

Todos: *¡Gracias, Jesús!*
♪ *Guitarra suave (durante 30 segundos).*

(Niño/a 3) Señor, te doy gracias por todas las personas que has puesto en mi camino y me han guiado hacia Ti. Gracias por la Iglesia que es nuestra gran familia.

Todos: *¡Gracias, Jesús!*
♪ *Guitarra suave (durante 30 segundos).*

MOMENTO DE SILENCIO PARA ADORAR Y HABLAR CON JESÚS
(2 min.)

(Catequista) *(Hablar despacio)* ¡Jesús está muy feliz por veros aquí acompañándole!; cada uno de vosotros es muy importante para Él, porque os ama con locura…

Ahora que estáis preparados y con un corazón dispuesto, haremos un ratito de silencio junto a Jesús, para que podáis encontrarlo dentro de la habitación secreta que Dios ha creado dentro de cada uno de vosotros.

Jesús dijo: «**Tú en cambio, cuando ores,** *(señalar el corazón)* **entra en tu cuarto, cierra la puerta y ora a tu Padre que está en lo secreto, y tu**

Padre que ve en lo secreto te lo recompensará» (Mt 6, 6). *(El catequista deja 1 minuto de silencio).*

Si no sabes qué decirle a Jesús, o te quedas sin palabras ¡no te preocupes!, puedes ofrecerle este ratito de silencio como un regalo diciéndole: **«Señor, tú conoces todo, tú sabes que te quiero»** (Jn 21, 17). *(El catequista deja 1 minuto de silencio).*

ORACIONES A JESÚS

(Catequista) Ahora vamos a pasar a leer unas oraciones a Jesús:

Cada niño o padre puede escoger la oración que prefiera de la lista y van pasando, uno a uno; luego, se pone de rodillas ante Jesus Sacramentado y lee la oración escogida.

El que quiera repetir, puede acercarse y decirle a Jesús algo que nazca de su corazón. Puedes darle las gracias por alguna persona o alguna cosa buena que te haya ocurrido…

Oraciones:

1 **Jesús, en tus manos pongo este nuevo curso de estudio**, ayúdame hacer mis deberes con amor y alegría.
2 **Jesús, gracias por el descanso que tuve estas vacaciones y por cada día que nos regalas** con salud y buenos momentos.
3 **Jesús te quiero en todos mis planes**, pero sabes que a veces se me olvida, porfa, llévame de la mano para no despistarme.
4 **Jesús, concédeme que no me olvide nunca de darte las gracias por todas tus bendiciones**. Todo lo que tengo, me lo has dado Tú.
5 **Jesús gracias por el regalo de la vida** y por la oportunidad de despertarme cada mañana con un corazón lleno de esperanza y de gratitud.

6 **Gracias, Dios mío, por tu paciencia y por tu amor**, ayúdame para que pueda venir a verte más a menudo y así puedas darme todos los regalos espirituales que tienes reservados para mí.

7 **¡Qué bien se siente Señor estar aquí contigo!** Saber que me ves y que me escuchas me llena de alegría. Concédeme que nunca me olvide de que estas aquí y que siempre puedo contar contigo.

8 **Jesús, te pido por todas las familias para que las bendigas. Te pido también por todos los niños que no tienen padres**, ayúdalos a que puedan tener un hogar y una familia tan bonita como la mía.

REZAMOS JUNTOS

(Sacerdote) Ahora nos ponemos de pie para rezar juntos. Contentos por ser hijos de Dios, rezamos: *Padre Nuestro, Ave María* y *Gloria*.

BENDICIÓN EUCARÍSTICA

(Sacerdote) Ahora nos ponemos de rodillas para recibir la bendición de Dios *(durante la bendición **el catequista hace sonar la campanilla**)*.

*Concluida la bendición, mientras el sacerdote reserva el Sacramento en el tabernáculo, ♪ **todos cantamos** ♪:*

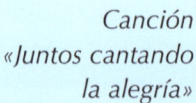

*Juntos cantando la alegría,
de vernos unidos en la fe y el amor,
juntos sintiendo en nuestras vidas
la alegre presencia del Señor.*

Canción
«Juntos cantando
la alegría»

*Somos la iglesia peregrina que Él fundó,
somos un pueblo que camina sin cesar,
entre cansancios y esperanzas hacia Dios,
nuestro amigo Jesús nos llevará.*

*Juntos cantando la alegría,
de vernos unidos en la fe y el amor,
juntos sintiendo en nuestras vidas
la alegre presencia del Señor.*

ORACIÓN A LA SAGRADA FAMILIA Y CANTO A LA VIRGEN MARÍA

(Catequista) Ahora nos ponemos de pie, porque llega un momento muy importante: consagramos a la Sagrada Familia de Nazaret a cada una de nuestras familias.

(Padre/madre) Jesús, María y José en vosotros contemplamos el esplendor del verdadero amor, a vosotros, confiados, consagramos cada una de nuestras familias; ayúdanos a construir una familia como la vuestra, para que nuestros hogares sean siempre un lugar de comunión y pequeñas iglesias domésticas. Santa Familia de Nazaret, escuchad y acoged nuestras suplicas. Amén.

♪ *Todos cantamos* ♪:

Junto a ti María como un niño quiero estar,
tómame en tus brazos, guíame en mí caminar.

Quiero que me eduques que me enseñes a rezar
hazme transparente, lléname de paz.

Madre, madre, madre, madre (bis)

Gracias, madre mía, por llevarnos a Jesús,
haznos más humildes, tan sencillos como tú.

Gracias, madre mía, por abrir tu corazón,
porque nos congregas y nos das tu amor.

Canción
«Junto a ti, María»

DESPEDIDA

(Sacerdote) Antes de iros, sólo comentaros que en el mes de noviembre la Iglesia celebra a todos los santos. Por lo tanto, si queréis, en la próxima adoración eucarística podéis venir vestidos de vuestro santo favorito.

Propuesta: Ahora el que desee confesarse puede acercarse al confesionario.

Podéis ir en paz.

(Todos) Demos gracias a Dios.

ADORACIÓN 2: NOVIEMBRE

«Al estar ante Jesús Eucaristía nos hacemos santos»

BIENVENIDA
(Catequista de pie, los demás sentados)

(Catequista) *(Hablar despacio)* ¡Bienvenidos! Hoy, junto a toda la Iglesia, nos unimos para celebrar a todos los santos del cielo.

Como ya sabéis, los santos fueron personas como nosotros, que durante su vida se preocuparon por seguir, conocer y querer mucho a Jesús.

Los santos, con su ejemplo de vida, nos enseñan que si realmente queremos ser santos ¡podemos lograrlo! porque contamos con la ayuda segura de Dios.

La palabra de Dios dice que **«Dios Padre, nos eligió en Cristo antes de la fundación del mundo para que fuésemos santos e intachables ante él por el amor»** (Ef 1, 4).

INVOCACIÓN AL ESPÍRITU SANTO

(Catequista) Comenzamos: ✝ *En el nombre del Padre y del Hijo y del Espíritu Santo. R. Amén.*

Ahora vamos a rezar juntos al Espíritu Santo una breve oración para que nos asista en este encuentro. Repetid conmigo *(hablar despacio)*:

Ven, Espíritu Santo, llena nuestros corazones y enciende en ellos el fuego de tu amor. Envía, Señor, tu Espíritu y se renovará la faz de la tierra. Amén.

ENSEÑANZA BREVE
(3 min.)

(Sacerdote) *Una propuesta sería reflexionar sobre: ¿Cómo podemos ser santos en la vida ordinaria?*

LA EXPOSICIÓN DEL SANTÍSIMO SACRAMENTO DE LA EUCARISTÍA

(Sacerdote) Ahora vamos a exponer a Jesús en la custodia. Para recibirlo con gran respeto y cariño, nos ponemos de rodillas ante Él y guardamos silencio.

Durante la exposición del Santísimo, ♪ **todos cantamos** ♪:

Bendito, bendito,
bendito sea Dios
los ángeles cantan
y alaban a Dios *(bis)*

Bendito, bendito,
bendito sea Dios
los ángeles cantan
y alaban a Dios *(bis)*

Yo creo, Jesús mío,
que estás en el altar
oculto en la Hostia
te vengo a adorar *(bis)*

Espero Jesús mío,
en tu suma bondad,
poder recibirte
con fe y caridad *(bis)*

Canción
«Bendito,
bendito, bendito
sea Dios»

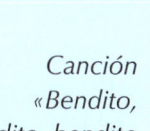

Adoradores de Jesús Eucaristía

(Catequista) Ahora nos sentamos, para escuchar unas oraciones a Jesús. Al acabar cada oración respondemos todos:

Jesús, ayúdame a ser santo

(Niño/a 1) Jesús, haciendo las cosas bien y con amor **¡puedo ser santo!** Porfa, enséñame a ser generoso y estar siempre dispuesto a dar la mano a quien lo necesite.

Todos: *Jesús, ayúdame a ser santo.*
♪ *Guitarra suave (durante 30 segundos).*

(Niño/a 2) Siendo feliz, amando, perdonando, rezando y no olvidándome de ti Jesús **¡puedo ser santo!**

Todos: *Jesús, ayúdame a ser santo.*
♪ *Guitarra suave (durante 30 segundos).*

(Niño/a 3) Jesús, tú nos invitas a ser santos, como nuestro Padre celestial es santo **¡Porfa, guía mis pasos, yo quiero lograrlo!**

Todos: *Jesús, ayúdame a ser santo.*
♪ *Guitarra suave (durante 30 segundos).*

MOMENTO DE SILENCIO PARA ADORAR Y HABLAR CON JESÚS
(2 min.)

(Catequista) *(Hablar despacio)* ¿Alguno de vosotros sabe quién es san Carlo Acutis?... San Carlo Acutis, es un joven santo que ganó el cielo a los 15 años. Él solía decir: **«La Eucaristía es mi autopista hacia el cielo»**... Porque **«al estar ante Jesús Eucaristía nos hacemos santos»**.

Ahora que estáis preparados y con un corazón dispuesto haremos un ratito de silencio junto a Jesús, para que podáis **hablarle y escucharle**; mírale con cariño ahí en el altar y dile con todo tu corazón: **Jesús, quiero ser santo ¡ayúdame!** *(El catequista deja 1 minuto de silencio).*

Si no sabes que decirle a Jesús o te quedas sin palabras ¡no te preocupes!, ofrécele este momento de silencio como un regalo, seguro que Él se pondrá muy contento por este gesto de amor. *(El catequista deja 1 minuto de silencio).*

¡Hazme santo, Señor!

ORACIONES A JESÚS

(Catequista) Ahora vamos a pasar a leer unas oraciones a Jesús:

Cada niño o padre puede escoger la oración que prefiera de la lista y van pasando, uno a uno; luego, se pone de rodillas ante Jesus Sacramentado y lee la oración escogida.

Oraciones:

1. Jesús, tú nos invitas a ser santos y aunque parezca difícil **si me llevas de la mano ¡puedo lograrlo!**
2. Jesús, ser santos, significa ser tu mejor amigo, porfa **ayúdame a seguir tus pasos y a quererte cada día más ¡yo quiero ser tu mejor amigo!**
3. Jesús, haciendo mis deberes con amor **¡puedo ser santo!**
4. Señor, tú deseas que seamos confiados y decididos, por eso hoy con valor te digo: **quiero ser santo, Señor.**
5. Jesús, quiero ser bueno y hacer tu voluntad, **guíame**.
6. Con mi palabra, comprensiva y dulce **¡puedo ser santo!**
7. Jesús, la sonrisa en la mañana me pondré y **cuando este triste, te lo ofreceré.**
8. Señor, dame la fortaleza que le diste a los santos apóstoles **para predicar tu Evangelio.**
9. Señor, dame la valentía que le diste a los santos mártires **para defender tú verdad.**
10. Señor, concédeme tener un corazón puro como todos los santos **para adorarte en espíritu y en verdad.**

(Sacerdote) Ahora nos ponemos de pie para rezar juntos. Contentos por ser hijos de Dios, rezamos: *Padre Nuestro, Ave María* y *Gloria*.

BENDICIÓN EUCARÍSTICA

(Sacerdote) Ahora nos ponemos de rodillas para recibir la bendición de Dios *(durante la bendición* **el catequista hace sonar la campanilla***)*.

Concluida la bendición, mientras el sacerdote reserva el Sacramento en el tabernáculo, ♪ **todos cantamos** ♪*:*

El Señor nos llama y nos reúne,
somos su pueblo, signo de unidad,
Él está en medio de nosotros,
sirve a la mesa, nos reparte el pan.

Por todos los caminos nos sales al encuentro,
por todos hemos visto señales de tu amor,
tu pueblo se reúne Señor a bendecirte,
a celebrar con gozo tu paso salvador.

El Señor nos llama y nos reúne,
somos su pueblo, signo de unidad,
Él está en medio de nosotros,
sirve a la mesa, nos reparte el pan.

Canción
«El Señor nos llama
y nos reúne»

Te quiero,
Jesús.

ORACIÓN A LA SAGRADA FAMILIA Y CANTO A LA VIRGEN MARÍA

(Catequista) Ahora nos ponemos de pie, porque llega un momento muy importante: consagramos a la Sagrada Familia de Nazaret a cada una de nuestras familias.

(Padre/madre) Sagrada Familia de Nazaret, a ti confiamos nuestras familias. Enséñanos la oración del corazón que sólo Dios ve y escucha. Concédenos crecer en virtud, para que unidos como familia podamos alcanzar el cielo. Amén.

♪ *Todos cantamos* ♪:

Canción
«*Santa María del Camino*»

> *Mientras recorres la vida*
> *tú nunca solo estás.*
> *Contigo por el camino*
> *Santa María, va.*
>
> **Ven con nosotros a caminar,**
> **Santa María, ven** *(bis)*
>
> *Aunque te digan algunos*
> *que nada puede cambiar*
> *lucha por un mundo nuevo*
> *lucha por la verdad.*
>
> **Ven con nosotros a caminar,**
> **Santa María, ven** *(bis)*

DESPEDIDA

(Sacerdote) Antes de iros, solo comentaros que el mes que viene la Iglesia festeja el nacimiento del Niño Jesús; por lo tanto, si queréis, podéis traer la imagen del Niño Jesús para bendecirla.

Propuesta: Ahora el que desee confesarse puede acercarse al confesionario.

Podéis ir en paz.

(Todos) Demos gracias a Dios.

«Si Dios posee nuestro corazón, poseeremos el infinito»

BIENVENIDA
(Catequista de pie, los demás sentados)

(Catequista) *(Hablar despacio)* ¡Bienvenidos! Muchas gracias por estar aquí. Estamos en un tiempo precioso, que nos recuerda el nacimiento del Niño Jesús en Belén. Aquel día, el ángel del Señor se aparecio a unos pastores y les anuncio el nacimiento de Jesús. Los pastores bajaron corriendo hacia Belén y al ver a Jesús acostado en el pesebre, se llenaron de inmensa alegría, porque por primera vez veían el rostro de Dios

Hoy, la historia se repite, esos pastores somos todos nosotros, que hemos venido llenos de inmensa alegría a ver a Jesús, que, por amor a nosotros, ha querido hacerse pequeñito y quedarse oculto bajo la apariencia de pan para servirnos de alimento y ayudarnos a llegar al cielo.

INVOCACIÓN AL ESPÍRITU SANTO

(Catequista) Comenzamos: † *En el nombre del Padre y del Hijo y del Espíritu Santo. R. Amén.*

Ahora vamos a rezar juntos al Espíritu Santo una breve oración para que nos asista en este encuentro. Repetid conmigo *(hablar despacio)*:

Ven, Espíritu Santo, llena nuestros corazones y enciende en ellos el fuego de tu amor. Envía, Señor, tu Espíritu y se renovará la faz de la tierra. Amén.

ENSEÑANZA BREVE
(3 min.)

(Sacerdote) *Una propuesta sería reflexionar sobre cómo nos preparamos para que Jesús nazca nuevamente en nuestros corazones.*

LA EXPOSICIÓN DEL SANTÍSIMO SACRAMENTO DE LA EUCARISTÍA

(Sacerdote) Ahora vamos a exponer a Jesús en la custodia. Para recibirlo con gran respeto y cariño, nos ponemos de rodillas ante Él y guardamos silencio.

*Durante la exposición del Santísimo, ♪ **todos cantamos** ♪:*

Venid, fieles todos, entonando himnos,
venid jubilosos, a Belén venid,
hoy ha nacido el Rey de los Cielos.

Venid y adoremos (bis)
venid y adoremos al Hijo de Dios.

Venid, fieles todos, a Belén marchemos,
gozosos, triunfantes y llenos de amor,
Cristo ha nacido, Cristo Rey divino.

Venid y adoremos (bis)
venid y adoremos al Hijo de Dios.

Un ángel del cielo llama a los pastores,
que siempre el humilde cerca está de Dios,
vamos cantando himnos de alegría.

Venid y adoremos (bis)
venid y adoremos al Hijo de Dios.

Canción
«Venid fieles todos»

(Catequista) Ahora nos sentamos, para escuchar unas oraciones a Jesús. Al acabar cada oración respondemos todos:

¡Ven a nacer en mí, Jesús!

(Niño/a 1) Padre bueno, te pedimos que el Niño Jesús nazca hoy en nuestros corazones como nació en Belén, para que podamos llevar a otros el amor que tú nos muestras día a día..

Todos: *¡Ven a nacer en mí, Jesús!*
♪ *Guitarra suave (durante 30 segundos).*

(Niño/a 2) Jesús, te doy gracias por el amor que me has mostrado al venir a la tierra. Porfa, ven a mi corazón ¡Yo quiero vivir esta Navidad muy cerca de ti, sintiendo tu alegría, tu paz y tu luz!

Todos: *¡Ven a nacer en mí, Jesús!*
♪ *Guitarra suave (durante 30 segundos).*

(Niño/a 3) Jesús, tu viniste al mundo a través de una familia, formada por ti, María y José. Tú has querido que también nosotros naciéramos en una familia. Hoy, quiero pedirte por mi familia, porfa, ayúdanos a ser una familia santa como la tuya.

Todos: *¡Ven a nacer en mí, Jesús!*
♪ *Guitarra suave (durante 30 segundos).*

MOMENTO DE SILENCIO PARA ADORAR Y HABLAR CON JESÚS
(2 min.)

(Catequista) *(Hablar despacio)* ¿Sabéis qué nos regala Jesús cada vez que venimos a verle?... Jesús nos da muchos regalos espirituales, que nos ayudan a ser mejores cristianos, a crecer en santidad y en amor a los demás. Para recibir esos regalos espirituales de Jesús, es necesario tener un corazón generoso como lo tenéis vosotros.

Ahora haremos un ratito de silencio junto a Jesús, para que podáis **hablarle y escucharle**; mírale con cariño ahí en el altar y ábrele tu corazón para que Él pueda poner en él todos los regalos que tiene pensados para ti. *(El catequista deja 1 minuto de silencio).*

Si no sabes que decirle a Jesús ¡no te preocupes!, ofrécele este momento de silencio como un regalo, seguro que Él se pondrá muy contento por este gesto de amor. *(El catequista deja 1 minuto de silencio).*

BENDICIÓN DE LAS IMÁGENES DEL NIÑO JESÚS

(Sacerdote) Ahora es el momento de que cada uno (niño o adulto), sostenga en sus manos y en alto la imagen del Niño Jesús que colocará en casa como muestra de amor a Jesús. ¡Levantad en alto la imagen del Niño Jesús!

Oh Dios, Padre nuestro, que tanto amaste al mundo que enviaste a tu Hijo Jesús, nacido de la Virgen María, para enseñarnos el camino del cielo, te pedimos que bendigas † estas imágenes del Niño Jesús para que nos ayuden a celebrar la Navidad con alegría y a ver a Jesús presente en todas las personas que tenemos cerca. Te lo pedimos por Jesús, tu Hijo amado, que vive y reina por los siglos de los siglos. Amén.

ORACIONES A JESÚS

(Catequista) Ahora vamos a pasar a leer unas oraciones a Jesús:

Cada niño o padre puede escoger la oración que prefiera de la lista y van pasando, uno a uno; luego, se pone de rodillas ante Jesus Sacramentado y lee la oración escogida.

Oraciones:

1   Jesús, hoy quiero pedirte por las personas que no conocen el significado de la Navidad. **Porfa, ayúdales para que descubran que lo más importante es que tú, Jesús, vienes a esta tierra para salvarnos.**

2   Jesús, cuando tú naciste, trajiste paz y amor. **Concédenos vivir la Navidad en familia con mucha paz y mucha alegría.**

3   Jesús, ¡la Navidad es tiempo de alegría y esperanza! Porque **tú eres el Camino, la Verdad y la Vida.**

4   Jesús, ven a nacer en mi familia **¡te necesitamos!** danos tu alegría, tu paz y tu amor.

5   Jesús, **ayúdame a ser como la Virgen María**, que siempre te dijo SÍ. **Concédeme estar atento a tus llamadas y que siempre te diga también SÍ.**

6   Jesús, **ayúdame a ser como san José**, para que pueda cuidarte, quererte y seguir tu camino con amor y alegría.

7   Jesús, deseo vivir para Ti este tiempo de Adviento. **¡Gracias por este tiempo que me das para acercarme más a Ti!**

8   Niño Jesús, ayúdame a hacer pequeños sacrificios, **que me ayuden a preparar mi corazón para tu llegada en la Noche Buena.**

9   Niño Dios, quiero recibirte con alegría, **te quiero abrir mi corazón para que nazcas en él y puedas seguir guiándome siempre.**

REZAMOS JUNTOS

(Sacerdote) Ahora nos ponemos de pie para rezar juntos. Contentos por ser hijos de Dios, rezamos: *Padre Nuestro, Ave María* y *Gloria*.

BENDICIÓN EUCARÍSTICA

(Sacerdote) Ahora nos ponemos de rodillas para recibir la bendición de Dios *(durante la bendición **el catequista hace sonar la campanilla**)*.

*Concluida la bendición, mientras el sacerdote reserva el Sacramento en el tabernáculo, ♪ **todos cantamos** ♪:*

Ven, ven Señor no tardes
ven, ven que te esperamos
ven, ven Señor no tardes
ven pronto Señor.

El mundo muere de frío
el alma perdió el calor;
los hombres no son hermanos
el mundo no tiene amor.

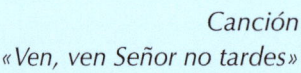

Canción
«Ven, ven Señor no tardes»

ORACIÓN A LA SAGRADA FAMILIA Y CANTO A LA VIRGEN MARÍA

(Catequista) Ahora nos ponemos de pie, porque llega un momento muy importante: consagramos a la Sagrada Familia de Nazaret a cada una de nuestras familias.

(Padre/madre) Sagrada Familia de Nazaret, haz a nuestra familia una contigo. Concédenos recordar el verdadero significado de la Navidad, para que podamos vivirla con amor y generosidad; que tengamos siempre a Dios en el centro de nuestros hogares, hasta que todos seamos una sola familia, feliz para siempre en nuestro hogar del cielo. Amén.

♪ *Todos cantamos* ♪:

Si supieras con qué ganas, te esperó la Trinidad
cómo ardían los relojes, suspirando eternidad,
la doncella prometida, toda gracia y humildad
la pureza en carne viva, donde el cielo nacerá.

Bendita, bendita, bendita entre las mujeres
esperanza de los pueblos, flor divina de septiembre,
Bendita, bendita, bendita entre las mujeres
duerme niña que del cielo, baja Dios para mecerte.

Serás hija predilecta, serás madre virginal,
serás novia, esposa y puerta del amor y la verdad.
Alegraos, Joaquín y Ana, celebrad en vuestro hogar
que hoy la humanidad descansa
con la Rosa que cuidáis.

Canción
«Bendita (nana a la Virgen María)»

DESPEDIDA

(Sacerdote) *Propuesta:* Ahora el que desee confesarse puede acercarse al confesionario.

Podéis ir en paz.

(Todos) Demos gracias a Dios.

BIENVENIDA
(Catequista de pie, los demás sentados)

(Catequista) *(Hablar despacio)* ¡Bienvenidos! Muchas gracias por estar aquí. Acabamos de celebrar la fiesta de los Reyes Magos de Oriente. ¡Ellos representan a todos los pueblos de la tierra! Después de un largo viaje, llegaron a Belén para adorar al Niño Dios.

Dice el Evangelio que ellos **«al ver la estrella se llenaron de inmensa alegría»**, y ésta los condujo hasta el lugar donde estaba Jesús, **«entraron en la casa, vieron al niño con María, su madre, y cayendo de rodillas lo adoraron; después, abriendo sus cofres, le ofrecieron regalos: oro, incienso y mirra»** (Mt 2, 11).

Hoy, la historia se repite, esos magos somos todos nosotros que hemos venido llenos de alegría para adorar a Jesús; después le abriremos el cofre de nuestro corazón como un regalo de amor.

INVOCACIÓN AL ESPÍRITU SANTO

(Catequista) Comenzamos: † *En el nombre del Padre y del Hijo y del Espíritu Santo. R. Amén.*

Ahora vamos a rezar juntos al Espíritu Santo una breve oración para que nos asista en este encuentro. Repetid conmigo *(hablar despacio)*:

Ven, Espíritu Santo, llena nuestros corazones y enciende en ellos el fuego de tu amor. Envía, Señor, tu Espíritu y se renovará la faz de la tierra. Amén.

ENSEÑANZA BREVE
(3 min.)

(*Sacerdote*) *Una propuesta sería reflexionar sobre: ¿Qué significan los regalos que hicieron los Reyes Magos a Jesús? Oro, incienso y mirra.*

LA EXPOSICIÓN DEL SANTÍSIMO SACRAMENTO DE LA EUCARISTÍA

(*Sacerdote*) Ahora vamos a exponer a Jesús en la custodia. Para recibirlo con gran respeto y cariño, nos ponemos de rodillas ante Él, como señal de adoración, y hacemos silencio.

*Durante la exposición del Santísimo, ♪ **todos cantamos** ♪:*

Tan cerca de mí *(bis)*
que hasta lo puedo tocar,
Jesús está aquí.

Míralo a tu lado por la calle,
caminando entre la multitud;
muchos ciegos van,
sin quererlo ver
llenos de ceguera espiritual.

Tan cerca de mí *(bis)*
que hasta lo puedo tocar,
Jesús está aquí.

Le hablaré sin miedo al oído,
le contaré las cosas que hay en mí;
y que solo a Él le interesaran,
Él es más que un mito para mí...

Tan cerca de mí *(bis)*
que hasta lo puedo tocar,
Jesús está aquí.

Canción
«Tan cerca de mí»

(Catequista) Ahora nos sentamos, para escuchar unas oraciones a Jesús. Al acabar cada oración respondemos todos:

Jesús, te regalo mi vida

(Niño/a 1) Querido Niño Jesús: yo también te quiero hacer un regalo como los Reyes Magos. Hoy te quiero regalar lo más bonito que tengo: **mi vida**. ¡Llénala de tu amor porque yo quiero estar siempre contigo!

Todos: *Jesús, te regalo mi vida.*
♪ *Guitarra suave (durante 30 segundos).*

(Niño/a 2) Querido Niño Jesús: Los Reyes Magos te regalaron oro, incienso y mirra. Hoy te quiero regalar: **¡mi corazón!** Me gustaría que fuera como el tuyo, grande para acoger a todos.

Todos: *Jesús, te regalo mi vida.*
♪ *Guitarra suave (durante 30 segundos).*

(Niño/a 3) Querido Niño Jesús: Los Reyes Magos eran muy buenos: Hoy te quiero regalar: **mis buenas acciones.** Quiero ayudarte a construir un mundo mejor.

Todos: *Jesús, te regalo mi vida.*
♪ *Guitarra suave (durante 30 segundos).*

MOMENTO DE SILENCIO PARA ADORAR Y HABLAR CON JESÚS
(2 min.)

(Catequista) *(Hablar despacio)* Jesús ha querido nacer para acercarnos a Dios, pues el Evangelio nos dice que **«el Verbo se hizo carne y habitó entre nosotros, y hemos contemplado su gloria: gloria como del Unigénito del Padre, lleno de gracia y de verdad»** (Jn 1, 1-14).

Ahora que estáis preparados y con un corazón dispuesto, haremos un ratito de silencio junto a Jesús, para que podáis **hablarle y escucharle**, mírale con cariño ahí en el altar y ábrele tu corazón para que Él pueda llenarlo de los regalos que tiene reservados para ti. *(El catequista deja 1 minuto de silencio)*.

Si no sabes que decirle a Jesús o te quedas sin palabras ¡no te preocupes!, ofrécele este momento de silencio como un regalo, seguro que Él se pondrá muy contento por este gesto de amor. *(El catequista deja 1 minuto de silencio)*.

ORACIONES A JESÚS

(Catequista) Ahora vamos a pasar a leer unas oraciones a Jesús:

Cada niño o padre puede escoger la oración que prefiera de la lista y van pasando, uno a uno; luego, se pone de rodillas ante Jesus Sacramentado y lee la oración escogida.

Oraciones:

1 **Querido Niño Jesús, hoy quiero ofrecerte mi familia**, te pido por ellos para que los protejas y los guíes.
2 Jesús, tú eres la luz que ilumina nuestra vida, **hoy te abro las puertas de mi corazón para que me guíes y se cumplan todos tus planes.**
3 Jesús, yo te ofrezco mi corazón. **Hazlo bueno y generoso como el tuyo.**
4 Jesús, yo te ofrezco mis manos, **para ayudar con ellas a los demás.**
5 Jesús, yo te ofrezco mis pies, **para caminar siguiendo tus pasos y llegar al cielo.**
6 Jesús, te ofrezco mis ojos, para que veas por mí y así **pueda darme cuenta siempre que alguien necesite mi ayuda.**

7 Jesús, te ofrezco mi corazón, **para que me enseñes a rezar y a amar.**

8 Jesús, te ofrezco este día. **Ayúdame hacerlo todo con amor** y que mi esfuerzo te ayude construir un mundo mejor.

9 Jesús, te ofrezco mis equivocaciones. **Concédeme fuerza y valor para corregir las cosas que no hago bien.**

10 Jesús, te ofrezco mis oídos, **para escuchar tu voz** y pueda escucharte cuando me hablas.

REZAMOS JUNTOS

(Sacerdote) Ahora nos ponemos de pie para rezar juntos. Contentos por ser hijos de Dios, rezamos: *Padre Nuestro, Ave María* y *Gloria.*

BENDICIÓN EUCARÍSTICA

(Sacerdote) Ahora nos ponemos de rodillas para recibir la bendición de Dios *(durante la bendición **el catequista hace sonar la campanilla**).*

*Concluida la bendición, mientras el sacerdote reserva el Sacramento en el tabernáculo, ♪ **todos cantamos** ♪:*

Cerca de ti, Señor, quiero morar;
tu grande, tierno amor quiero gozar.
Llena mi pobre ser, limpia mi corazón;
hazme tu rostro ver en comunión.

Canción
«Cerca de ti, Señor»

(Catequista) Ahora nos ponemos de pie, porque llega un momento muy importante: consagramos a la Sagrada Familia de Nazaret a cada una de nuestras familias.

(Padre/madre) Sagrada Familia de Nazaret, Jesús, María y José que sois el verdadero modelo para las familias cristianas. Concédenos seguir vuestro ejemplo, para que podamos crecer en las virtudes cristianas y seamos buenos padres, madres e hijos; que en nuestro hogar habite siempre la Sagrada Familia de Nazaret y que después de esta vida podamos gozar los premios eternos en el cielo. Amén.

♪ *Todos cantamos* ♪:

Tengo en casa a mi mamá
pero mis mamás son dos
en el cielo está María
que es también mamá de Dios.

Canción
«Mis dos mamás»

Cuando llamo a mi mamá
ella viene sin tardar
mi mamá del cielo viene
si me acuerdo de rezar.

Cada día mi mamá
me da un beso al despertar
en el alma llevo el beso
de mi Madre Celestial.

Las dos me quieren a mí
las dos me dan mucho amor
a las dos las busco y las llamo
a las dos las quiero yo.

Las dos me quieren a mí
las dos me dan mucho amor
a las dos las busco y las llamo
a las dos las quiero yo (bis)

DESPEDIDA

(Sacerdote) *Propuesta:* Ahora el que desee confesarse puede acercarse al confesionario.

Podéis ir en paz.

(Todos) Demos gracias a Dios.

ADORACIÓN 5: FEBRERO

«La Eucaristía es lo más increíble que hay en la vida»

BIENVENIDA
(Catequista de pie, los demás sentados)

(Catequista) *(Hablar despacio)* ¡Bienvenidos! Muchas gracias a todos por estar aquí. Hace pocos días celebramos la fiesta de la Presentación del Niño Jesús en el Templo; me gustaría contaros cómo fue:

Cuando el Niño Jesús cumplió el día 40 de su nacimiento, María y José, lo llevaron al Templo de Jerusalén, para presentarlo al Señor, como mandaba la Ley. **«Había entonces en Jerusalén un hombre muy bueno llamado Simeón. Le había sido revelado por el Espíritu Santo que no vería la muerte antes de ver al Mesías del Señor. Impulsado por el Espíritu, fue al Templo. Y cuando María y José entraban con el Niño al Templo, Simeón lo tomó en sus brazos y bendijo a Dios diciendo: Ahora, Señor, puedes dejar a tu siervo irse en paz. Porque mis ojos han visto a tu Salvador, a quien has presentado ante todos los pueblos: luz para alumbrar a las naciones y gloria de tu pueblo Israel»** (Lc 2, 25-32).

Quizás al escuchar esta historia podríamos pensar: ¡qué suerte tuvo Simeón, pues pudo ver y tocar al Niño Jesús!... Pero sabéis una cosa, nosotros también tenemos la misma suerte, porque podemos ver y tocar a Jesús en la Sagrada Eucaristía, ya que Jesús dijo: **«Yo soy el Pan vivo que ha bajado del cielo; el que coma de este Pan vivirá para siempre. Y el Pan que yo daré es mi carne por la vida del mundo»** (Jn 6, 51).

INVOCACIÓN AL ESPÍRITU SANTO

(Catequista) Comenzamos: ✝ *En el nombre del Padre y del Hijo y del Espíritu Santo. R. Amén.*

Ahora vamos a rezar juntos al Espíritu Santo una breve oración para que nos asista en este encuentro. Repetid conmigo *(hablar despacio)*:

Ven, Espíritu Santo, llena nuestros corazones y enciende en ellos el fuego de tu amor. Envía, Señor, tu Espíritu y se renovará la faz de la tierra. Amén.

ENSEÑANZA BREVE
(3 min.)

(Sacerdote) *Una propuesta sería reflexionar sobre el propósito de leer cada día un poquito del Evangelio (en una versión para niños): Así podremos ir conociendo cada día mejor a Jesús; hacer esto te ayudará a conocer, a escuchar su Palaba y a querer más a Jesús (el sacerdote puede enseñar una Biblia para niños).* **«Así como en la oración nosotros podemos hablar con Dios, en la lectura del Evangelio es Dios quien nos habla»** *(San Agustín).*

LA EXPOSICIÓN DEL SANTÍSIMO SACRAMENTO DE LA EUCARISTÍA

(Sacerdote) Ahora vamos a exponer a Jesús en la custodia. Para recibirlo con gran respeto y cariño, nos ponemos de rodillas ante Él, como señal de adoración, y hacemos silencio.

*Durante la exposición del Santísimo, ♪ **todos cantamos** ♪:*

Tú nos invitas, Jesús,
para Ti siempre somos importantes.
en tu mesa nos das la comida mejor:
El Pan de la vida y el amor *(bis)*

Dejad que los niños se acerquen,
dejad que vengan a mí *(bis)*

Canción
«Tú nos invitas,
Jesús»

Un mismo Pan se nos da:
es el Pan de tu Cuerpo y de tu Sangre.
que nos une en familia
y nos llena de Dios:
El Pan de la vida y el amor *(bis)*

Para crecer y vivir
cada día tendré que alimentarme;
para el alma nos das la comida mejor:
El Pan de la vida y el amor *(bis)*

(Catequista) Ahora nos sentamos, para escuchar unas oraciones a Jesús. Al acabar cada oración respondemos todos:

Jesús, yo quiero conocerte mejor

(Niño/a 1) Jesús, tú dijiste a tus discípulos: **Id al mundo entero y proclamad el Evangelio a toda la creación.** ¡Porfa, guíame! yo quiero hacer lo mismo que ellos, para que te conozcan y te quieran tanto como yo.

Todos: *Jesús, yo quiero conocerte mejor.*
♪ *Guitarra suave (durante 30 segundos).*

(Niño/a 2) Jesús, tú le dijiste a tus discípulos: **Vosotros sois la sal de la tierra.** ¡Porfa, guíame! a mí me gustaría ser sal de la tierra, para poder transmitir a mi familia y amigos la alegría de ser hijos de Dios.

Todos: *Jesús, yo quiero conocerte mejor.*
♪ *Guitarra suave (durante 30 segundos).*

(Niño/a 3) Jesús, tu enseñaste a tus discípulos a orar. ¡Porfa, enséñame a orar a mí también! **Me gustaría tenerte más tiempo presente en mi cabeza y en mi corazón.**

Todos: *Jesús, yo quiero conocerte mejor.*
♪ *Guitarra suave (durante 30 segundos).*

MOMENTO DE SILENCIO PARA ADORAR Y HABLAR CON JESÚS
(2 min.)

(Catequista) *(Hablar despacio)* La Palabra de Dios nos dice: **Me buscaréis y me encontraréis, si me buscáis de todo corazón** (Jr 29, 13).

Ahora que estáis preparados y con un corazón bien dispuesto, haremos un ratito de silencio junto a Jesús, para **hablarle y escucharle**; mírale con cariño ahí en el altar y búscalo **de todo corazón**, así lo podrás encontrar dentro de la «habitación secreta» que Dios ha puesto dentro de ti.
(El catequista deja 1 o 2 minutos de silencio).

(Catequista) Ahora vamos a pasar a leer unas oraciones a Jesús:

Cada niño o padre puede escoger la oración que prefiera de la lista y van pasando, uno a uno; luego, se pone de rodillas ante Jesus Sacramentado y lee la oración escogida.

Oraciones:

1 Jesús, tú dijiste: **Amarás al Señor tu Dios con todo tu corazón, con toda tu alma, con toda tu mente.** ¡Señor, hoy te entrego mi corazón para que puedas vivir siempre en él!

2 Jesús, tú dijiste: **Amarás a tu prójimo como a ti mismo.** Porfa, concédeme un corazón puro para amar al prójimo como a mí mismo.

3 Jesús, tú nos invitas a no pasar de largo cuando nos encontremos a alguna persona con dificultades. **¡Porfa, enséñame a cambiar mis planes cuando vea que alguien necesita mi ayuda!**

4 Jesús, te pido perdón por las veces que dudo de tu presencia. **Ayúdame a confiar y a creer en Ti.** No quiero ser un incrédulo como Tomás.

5 Teniéndote en mi vida Jesús, todo es más fácil. **Gracias porque me ayudas cada día.**

6 Señor, guía mis pasos para que no me pase como a Caín. **Porfa, lléname de tu paz para que no riña con mis hermanos y que sea capaz de convivir en paz con ellos.**

7 Jesús, enséñame a **comprender tu voluntad y a cumplirla cada día en mi vida.**

8 Dios, Espíritu Santo: **ilumina mi vida, alimenta mi fe y fortalece mis deseos** de seguir a Jesús.

9 Jesús, dame perseverancia **para que siempre pueda ofrecerte mi oración de cada día.**

10 Señor, ayúdame a escuchar tu voz, y concédeme **buscar momentos de silencio para poder escucharte cada día.**

REZAMOS JUNTOS

(Sacerdote) Ahora nos ponemos de pie para rezar juntos. Contentos por ser hijos de Dios, rezamos: **Padre Nuestro, Ave María** y **Gloria**.

BENDICIÓN EUCARÍSTICA

(Sacerdote) Ahora nos ponemos de rodillas para recibir la bendición de Dios *(durante la bendición* **el catequista hace sonar la campanilla***)*.

Concluida la bendición, mientras el sacerdote reserva el Sacramento en el tabernáculo, ♪ **todos cantamos** ♪*:*

Alrededor de tu mesa venimos a recordar
alrededor de tu mesa venimos a recordar
> **que tu palabra es camino,**
> **tu cuerpo fraternidad** *(bis)*

Alrededor de tu mesa venimos a recordar
alrededor de tu mesa venimos a recordar
> **que tu palabra es camino,**
> **tu cuerpo fraternidad** *(bis)*

Canción
«Alrededor de tu mesa»

ORACIÓN A LA SAGRADA FAMILIA Y CANTO A LA VIRGEN MARÍA

(Catequista) Ahora nos ponemos de pie, porque llega un momento muy importante: consagramos a la Sagrada Familia de Nazaret a cada una de nuestras familias.

(Padre/madre) Sagrada Familia de Nazaret, Jesús, María y José, ayudadnos a que nuestra familia esté muy unida a cada uno de vosotros, de modo que seamos instrumentos de paz, alegría y perdón. Y a tener un amor fortalecido por la gracia, de modo que Dios sea siempre el centro de nuestros hogares. Amén.

♪ *Todos cantamos* ♪:

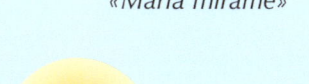

María mírame (bis)
si tú me miras, Él también me mirará.
Madre mía mírame, de la mano llévame
muy cerca de Él, que ahí me quiero quedar.

María cúbreme con tu manto,
que tengo miedo, no sé rezar
que por tus ojos misericordiosos,
tendré la fuerza, tendré la paz.

Canción
«María mírame»

María mírame (bis)
si tú me miras, él también me mirará.
Madre mía mírame, de la mano llévame
muy cerca de Él, que ahí me quiero quedar.

DESPEDIDA

(Sacerdote) *Propuesta:* Ahora el que desee confesarse puede acercarse al confesionario. Podéis ir en paz.

(Todos) Demos gracias a Dios.

ADORACIÓN 6: MARZO

«Hay gente que sufre mucho más que yo. Ofrezco mi sufrimiento por el papa y por la Iglesia»

BIENVENIDA
(Catequista de pie, los demás sentados)

(Catequista) *(Hablar despacio)* ¡Bienvenidos! Muchas gracias a todos por estar aquí. Estamos en el tiempo litúrgico de la Cuaresma, preparándonos para la Semana Santa.

¿Alguno sabe por qué la Semana Santa es tan importante para nosotros los cristianos? Porque celebramos el AMOR más grande que existe en el mundo: el Amor que nos tiene Jesús al entregarse y morir por nosotros en la Santa Cruz para salvarnos y llevarnos con Él al cielo.

La Palabra de Dios dice: **«En esto consiste el amor: no en que nosotros hayamos amado a Dios, sino en que él nos amó primero y nos envió a su Hijo para dar su vida para el perdón de nuestros pecados»** (1 Jn 4, 10).

¡Esta es la alegría de ser cristianos! Sabernos hijos muy amados por Dios.

INVOCACIÓN AL ESPÍRITU SANTO

(Catequista) Comenzamos: ✝ *En el nombre del Padre y del Hijo y del Espíritu Santo. R. Amén.*

Ahora vamos a rezar juntos al Espíritu Santo una breve oración para que nos asista en este encuentro. Repetid conmigo *(hablar despacio)*:

Ven, Espíritu Santo, llena nuestros corazones y enciende en ellos el fuego de tu amor. Envía, Señor, tu Espíritu y se renovará la faz de la tierra. Amén.

ENSEÑANZA BREVE
(3 min.)

(Sacerdote) *Una propuesta sería reflexionar sobre cómo podemos vivir el tiempo de cuaresma correspondiendo a tanto amor de Dios. Recordemos estas palabras de Jesús: «**Si alguno quiere venir en pos de mí, niéguese a sí mismo, tome su cruz de cada día y sígame**». Debemos ofrecer a Dios todo lo que nos cuesta un poco... o, a veces, mucho… (poner ejemplos). Eso, cuando se ofrece a Dios, tiene a sus ojos un valor muy grande.*

LA EXPOSICIÓN DEL SANTÍSIMO SACRAMENTO DE LA EUCARISTÍA

(Sacerdote) Ahora vamos a exponer a Jesús en la custodia. Para recibirlo con gran respeto y cariño, nos ponemos de rodillas ante él, como señal de adoración, y hacemos silencio.

*Durante la exposición del Santísimo, ♪ **todos cantamos** ♪:*

Tú, Señor, sabes bien
lo que yo tengo guardado en mi interior
todo aquello que me aturde
lo que no puedo olvidar
esas cosas que no dejan caminar.

Tú, Señor, hasta hoy
me has seguido en cada paso de mi vida
y me has dado grandes cosas
que no puedo olvidar
los momentos que en mi vida quedaran.

Por eso ven, Señor Jesús,
que te quiero hoy decir
que mis ojos se han abierto
y que si ti no puedo más seguir.

Ven, Señor Jesús, que ahora tengo el corazón
con un grito que me pide tu amor.

Canción
«Tú, Señor, sabes bien»

(Catequista) Ahora nos sentamos, para escuchar unas oraciones a Jesús. Al acabar cada oración respondemos todos:

Jesús, enséñanos a hacer el bien con alegría

(Niño/a 1) Jesús, en estos días de cuaresma dame fuerzas para seguir tu camino aceptando, por amor a ti, las cosas que más me cuestan.

Todos: *Jesús, enséñanos a hacer el bien con alegría.*
♪ *Guitarra suave (durante 30 segundos).*

(Niño/a 2) Jesús, en estos días de cuaresma te ofrezco mi corazón. Ayúdame a tenerlo siempre limpio. ¡Quiero vivir haciendo el bien a todos!

Todos: *Jesús, enséñanos a hacer el bien con alegría.*
♪ *Guitarra suave (durante 30 segundos).*

(Niño/a 3) Jesús, estos días de cuaresma ayúdame a mejorar, para ayudar más a los demás y para acercarme más a ti.

Todos: *Jesús, enséñanos a hacer el bien con alegría.*
♪ *Guitarra suave (durante 30 segundos).*

MOMENTO DE SILENCIO PARA ADORAR Y HABLAR CON JESÚS
(2 min.)

(Catequista) *(Hablar despacio)* En aquel tiempo, Jesús sufrió mucho en el Huerto de los Olivos pues sabía que se acercaba la hora de su Pasión. Mientras estaba allí dijo a Pedro, Santiago y Juan estas palabras: **«Mi alma está triste hasta la muerte; quedaos aquí y orad conmigo»** (Mt 26, 38). Nosotros ahora queremos acompañar a Jesús y consolarle en sus sufrimientos.

Ahora que tenéis el corazón bien dispuesto, haremos un ratito de silencio para acompañar a Jesús y consolarle. Mírale con cariño ahí en el altar y cuéntale todo lo que haya en tu corazón. *(El catequista deja 1 minuto de silencio).*

Si no sabes que decirle a Jesús, ¡no te preocupes! Ofrécele este momento de silencio como un regalo, seguro que Él se pondrá muy contento por tu gesto de amor hacia Él. *(El catequista deja 1 minuto de silencio).*

ORACIONES A JESÚS

(Catequista) Ahora vamos a pasar a leer unas oraciones a Jesús:

Cada niño o padre puede escoger la oración que prefiera de la lista y van pasando, uno a uno; luego, se pone de rodillas ante Jesus Sacramentado y lee la oración escogida.

Oraciones:

1   Jesús, en estos días de cuaresma te pido que **me des la valentía para defenderte cuando me dicen que no existes.**

2   Jesús, tú cargaste la cruz hasta el calvario, **hoy te ofrezco mis oraciones por todas las personas que sufren, para que en ti encuentren alivio.**

3   Señor, haré con amor mis deberes, especialmente los que me cuestan más, **te los ofrezco como un pequeño sacrificio.**

4   Jesús, estos días de cuaresma te ofrezco mi vida, **¡pero cambiada! Quiero mejorar para ayudar a los demás y estar más cerca de ti.**

5   Jesús, gracias por esperarme con los brazos abiertos en el sacramento de la confesión. **Porfa, ayúdame a ser valiente, para no tener vergüenza de confesar las cosas que más me cuesta decir.**

6   **¡Jesús, tú eres ejemplo del perdón!** Porfa, enséñame a perdonar y a pedir perdón por las cosas que no hago bien.

7   **Jesús, ayúdame a quitar todo sentimiento del rencor de mi corazón** ¡me hace daño! Porfa, sana las heridas para que con tu ayuda ame más a mis prójimos.

8   Jesús, tú enseñaste a tus discípulos a orar. ¡Porfa, enséñame a orar a mí también! **Me gustaría tenerte más tiempo presente en mi mente y en mi corazón.**

9   **Gracias, Jesús, por haber dado tu vida para salvarme** y por estar junto a mí en mi caminar de niño.

(*Sacerdote*) Ahora nos ponemos de pie para rezar juntos. Contentos por ser hijos de Dios, rezamos: **Padre Nuestro, Ave María** y **Gloria**.

BENDICIÓN EUCARÍSTICA

(*Sacerdote*) Ahora nos ponemos de rodillas para recibir la bendición de Dios *(durante la bendición* **el catequista hace sonar la campanilla***)*.

Concluida la bendición, mientras el sacerdote reserva el Sacramento en el tabernáculo, ♪ ***todos cantamos*** ♪:

¡Oh Buen Jesús!, yo creo firmemente,
que por mi amor, estás en el altar;
que das tu cuerpo y sangre, juntamente,
al alma fiel en celestial manjar *(bis)*

Indigno soy, confieso avergonzado,
de recibir la Santa Comunión.
Jesús que ves mi nada y mi pecado,
prepara, Tú, mi pobre corazón *(bis)*

Canción
«Oh, buen Jesús»

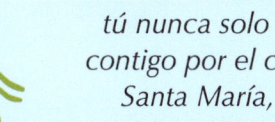 **Catequista** Ahora nos ponemos de pie, porque llega un momento muy importante: consagramos a la Sagrada Familia de Nazaret a cada una de nuestras familias.

Padre/madre Sagrada Familia de Nazaret, te pedimos que nuestra familia esté siempre muy unida a ti. Ayúdanos a superar las dificultades que a veces se presentan. Concédenos que te tengamos siempre en el centro de nuestros corazones y de nuestros hogares, hasta que seamos una única familia feliz para siempre en el cielo. Amén.

♪ *Todos cantamos* ♪:

*Mientras recorres la vida
tú nunca solo estás
contigo por el camino
Santa María, va.*

**Ven con nosotros a caminar
Santa María, ven** *(bis).*

*Aunque te digan algunos
que nada puede cambiar
lucha por un mundo nuevo
lucha por la verdad.*

**Ven con nosotros a caminar
Santa María, ven** *(bis).*

 *Canción
«Santa María
del camino»*

Sacerdote *Propuesta:* Ahora el que desee confesarse puede acercarse al confesionario. Podéis ir en paz.

Todos Demos gracias a Dios.

DESCARGAR
MATERIAL DE APOYO

ADORACIÓN 7: ABRIL

«Cuanto más recibamos la Eucaristía, más nos haremos semejantes a Jesús»

¡Aleluya!

BIENVENIDA
(Catequista de pie, los demás sentados)

(Catequista) *(Hablar despacio)* ¡Bienvenidos! Muchas gracias a todos por estar aquí. En la adoración anterior iniciamos nuestro camino de preparación para la Semana Santa.

Como ya sabéis, durante la Semana Santa nos unimos a Jesús con un corazón de carne, recordando cuánto sufrió Jesús durante su pasión y muerte de cruz. Pero a pesar de tanto dolor, nosotros los cristianos vivimos con alegría y esperanza, porque la resurrección de Jesús es la confirmación de que todo lo que Jesús hizo y enseñó es VERDAD.

Jesús dijo: **«Yo soy la resurrección y la vida: el que cree en mí, aunque haya muerto, vivirá; y el que está vivo y cree en mí, no morirá para siempre»** (Jn 11, 25-26).

Por eso el Domingo de Resurrección es la fiesta más importante para nosotros los cristianos, porque nos recuerda que ¡Cristo vive! y nos da la verdadera vida que es para siempre.

INVOCACIÓN AL ESPÍRITU SANTO

(Catequista) Comenzamos: ✝ *En el nombre del Padre y del Hijo y del Espíritu Santo. R. Amén.*

Ahora vamos a rezar juntos al Espíritu Santo una breve oración para que nos asista en este encuentro. Repetid conmigo *(hablar despacio)*:

Ven, Espíritu Santo, llena nuestros corazones y enciende en ellos el fuego de tu amor. Envía, Señor, tu Espíritu y se renovará la faz de la Tierra. Amén.

(Sacerdote) *Una propuesta sería reflexionar sobre: Jesús murió en la Cruz, pero al tercer día resucitó para nunca más morir, ¡la vida pudo más que la muerte! Jesús ha resucitado y ahora está en el cielo y, a la vez, en la tierra, porque se ha quedado con nosotros para siempre en la Sagrada Eucaristía. ¡Gracias, Jesús!*

LA EXPOSICIÓN DEL SANTÍSIMO SACRAMENTO DE LA EUCARISTÍA

(Sacerdote) Ahora vamos a exponer a Jesús en la custodia. Para recibirlo con gran respeto y cariño, nos ponemos de rodillas ante él, como señal de adoración, y hacemos silencio.

Durante la exposición del Santísimo, ♪ **todos cantamos** ♪:

Dios está aquí,
tan cierto como el aire que respiro,
tan cierto como la mañana se levanta el sol,
tan cierto porque yo le canto
y me puede oír *(bis)*

Lo puedes sentir, a tu lado
en este mismo instante
lo puedes llevar, muy dentro de tú corazón
lo puedes sentir, en ese problema que tienes
Dios está aquí y si tú quieres le puedes seguir.

Canción
«Dios está aquí»

(Catequista) Ahora nos sentamos, para escuchar unas oraciones a Jesús. Al acabar cada oración respondemos todos:

¡Gracias, Jesús, Tú eres nuestra esperanza!

(Niño/a 1) Jesús, aunque ahora veamos pan, sabemos que en verdad eres realmente tú, con tu Cuerpo, Sangre, Alma y Divinidad.

Todos: *¡Gracias, Jesús, tú eres nuestra esperanza!*
♪ *Guitarra suave (durante 30 segundos).*

(Niño/a 2) Jesús, qué alegría saber que has resucitado y estás vivo en la Sagrada Eucaristía. Gracias por amarnos tanto y por quedarte para siempre con nosotros.

Todos: *¡Gracias, Jesús, tú eres nuestra esperanza!*
♪ *Guitarra suave (durante 30 segundos).*

(Niño/a 3) Jesús, hoy he venido lleno de alegría a verte. A tu lado todo es más fácil, gracias por la alegría, paz y amor que das a mi corazón.

Todos: *¡Gracias, Jesús, tú eres nuestra esperanza!*
♪ *Guitarra suave (durante 30 segundos).*

MOMENTO DE SILENCIO PARA ADORAR Y HABLAR CON JESÚS
(2 min.)

(Catequista) *(Hablar despacio)* El Evangelio nos enseña que lo que sucedió en la última Cena: **«Mientras comían Jesús tomó pan y, después de pronunciar la bendición, dijo: "Tomad, comed: esto es mi Cuerpo". Después tomó el cáliz, pronunció la acción de gracias y dijo: "Bebed todos, porque esta es mi Sangre de la alianza"»** (Mt 26, 26-27). Como veis, en la última Cena Jesús convirtió el pan en su Cuerpo y el vino en su Sangre, para ser nuestro alimento espiritual.

Ahora que tenéis el corazón bien dispuesto, haremos un ratito de silencio junto a Jesús, para que podáis **hablarle y escucharle**, tú ábrele tu corazón para que Él pueda llenarlo de todos los regalos que tiene reservados para ti. *(El catequista deja 1 minuto de silencio)*.

Si no sabes que decirle a Jesús, ¡no te preocupes! Ofrécele este momento de silencio como un regalo. *(El catequista deja 1 minuto de silencio)*.

ORACIONES A JESÚS

(Catequista) Ahora vamos a pasar a leer unas oraciones a Jesús:

Cada niño o padre puede escoger la oración que prefiera de la lista y van pasando, uno a uno; luego, se pone de rodillas ante Jesus Sacramentado y lee la oración escogida.

Oraciones:

1 ¡Gracias, Jesús! Yo creo firmemente que has resucitado por amor a nosotros, **para ser nuestro maestro y nuestro guía.**

2 **Jesús, gracias por resucitar y quedarte vivo en la Sagrada Eucaristía.** ¡Te quiero mucho, Jesús!

3 Jesús, tú dijiste: **Yo soy el Camino y la Verdad y la Vida.** Porfa, enséñame a seguir tu camino para conocer la Verdad y tener Vida.

4 Jesús, tú dijiste: **Amaos los unos a los otros como yo os amé**. Concédeme amar a todos como hermanos, como Tú nos amas.

5 **¡Jesús, quiero compartir tu fiesta de tu resurrección!** Ayúdame a ser valiente para que pueda compartir con todos la alegría de ser hijos tuyos resucitados a una nueva Vida.

6 **¡Jesús, que bien se está aquí en tu presencia!** sintiendo tu alegría, tu paz y tu amor. Ayúdame a amar mucho a los más pobres y necesitados.

7 Jesús, enséñame a guardar silencio **¡yo quiero escuchar tu voz, y enseñar tu Evangelio a muchos más!**

8 Señor, **haz que venga a mí tu Espíritu** y agrande mi corazón para querer mucho a mis padres y hermanos.

9 **¡Jesús, estamos muy felices porque has vencido a la muerte!** Tú nos has resucitado por la Fe para abrir el camino de la Vida a otros.

(*Sacerdote*) Ahora nos ponemos de pie para rezar juntos. Contentos por ser hijos de Dios, rezamos: *Padre Nuestro, Ave María* y *Gloria*.

BENDICIÓN EUCARÍSTICA

(*Sacerdote*) Ahora nos ponemos de rodillas para recibir la bendición de Dios *(durante la bendición **el catequista hace sonar la campanilla**)*.

*Concluida la bendición, mientras el sacerdote reserva el Sacramento en el tabernáculo, ♪ **todos cantamos** ♪:*

*El Señor nos llama y nos reúne,
somos su pueblo, signo de unidad,
Él está en medio de nosotros,
sirve a la mesa, nos reparte el pan.*

*Por todos los caminos nos sales al encuentro,
por todos hemos visto señales de tu amor,
tu pueblo se reúne, Señor, a bendecirte,
a celebrar con gozo tu paso salvador.*

*El Señor nos llama y nos reúne,
somos su pueblo, signo de unidad,
Él está en medio de nosotros,
sirve a la mesa, nos reparte el Pan.*

*Canción
«El Señor nos llama
y nos reúne»*

ORACIÓN A LA SAGRADA FAMILIA Y CANTO A LA VIRGEN MARÍA

(Catequista) Ahora nos ponemos de pie, porque llega un momento muy importante: consagramos a la Sagrada Familia de Nazaret a cada una de nuestras familias.

(Padre/madre) ¡Sagrada Familia de Nazaret: gracias por estar hoy junto a nosotros! A vosotros consagramos cada una de nuestras familias y os pedimos nos ayudéis a tomar conciencia de lo importante que es la familia, su carácter sagrado e inviolable y su belleza en el proyecto de Dios. Amén.

♪ **Todos cantamos** ♪:

Canción
«Junto a ti, María»

Junto a ti, María,
como un niño quiero estar,
tómame en tus brazos,
guíame en mi caminar.
Quiero que me eduques,
que me enseñes a rezar
hazme transparente, lléname de paz.

Madre, madre, madre, madre (bis)

Gracias, madre mía, por llevarnos a Jesús,
haznos más humildes, tan sencillos como tú.
Gracias, madre mía, por abrir tu corazón,
porque nos congregas y nos das tu amor.

DESPEDIDA

(Sacerdote) Antes de iros, solo comentaros que el mes que viene la Iglesia festeja el mes de María, si queréis, el día de la Adoración, como muestra de cariño, podéis traerle una flor natural o una elaborada por vosotros

Propuesta: Ahora el que desee confesarse puede acercarse al confesionario. Podéis ir en paz.

(Todos) Demos gracias a Dios.

ADORACIÓN 8: MAYO

«Después de la Eucaristía, el Rosario es el arma más poderosa»

BIENVENIDA
(Catequista de pie, los demás sentados)

(Hoy, antes de comenzar, se reparte una flor a los niños que no la han traído).

Catequista *(Hablar despacio)* ¡Bienvenidos! Hoy tendremos una adoración especial, por ser el mes de María, Madre de Jesús y Madre nuestra. Jesús antes de morir en la cruz, quiso dejarnos a María como Madre.

Dice así el Evangelio de San Juan: **«Jesús, al ver a su madre y junto a ella al discípulo al que amaba, dijo a su madre: "Mujer, ahí tienes a tu hijo". Luego, dijo al discípulo: "Ahí tienes a tu madre". Y desde aquella hora, el discípulo la recibió como algo propio»** (Jn 19, 26-27).

Hoy queremos tenerla muy presente a la Virgen María rezando juntos un misterio del Rosario. *(Enseñar un Rosario)* ¿Alguno de vosotros sabe qué es el Rosario? Al rezar el Rosario vamos recordamos las escenas de la vida de Jesús y de María. Y cada Avemaría es como una rosa espiritual que regalamos a la Virgen, como un acto de amor y de confianza dedicado a Ella.

INVOCACIÓN AL ESPÍRITU SANTO

Catequista Comenzamos: ✝ *En el nombre del Padre y del Hijo y del Espíritu Santo. R. Amén.*

Ahora vamos a rezar juntos al Espíritu Santo una breve oración para que nos asista en este encuentro. Repetid conmigo *(hablar despacio)*:

Ven, Espíritu Santo, llena nuestros corazones y enciende en ellos el fuego de tu amor. Envía, Señor, tu Espíritu y se renovará la faz de la tierra. Amén.

(_Sacerdote_) *Una propuesta sería reflexionar sobre María como modelo de fe y oración que nos conduce a Jesús. En las bodas de Caná Jesús realizó su primer milagro a petición de la Virgen María, que dijo a los sirvientes de la boda: «**Haced lo que Él os diga**» (Jn 2, 5).*

LA EXPOSICIÓN DEL SANTÍSIMO SACRAMENTO DE LA EUCARISTÍA

(_Sacerdote_) Ahora vamos a exponer a Jesús en la custodia. Para recibirlo con gran respeto y cariño, nos ponemos de rodillas ante Él, como señal de adoración, y hacemos silencio.

*Durante la exposición del Santísimo, ♪ **todos cantamos** ♪:*

Tan cerca de mí *(bis)*
que hasta lo puedo tocar,
Jesús está aquí.

Míralo a tu lado por la calle,
caminando entre la multitud;
muchos ciegos van,
sin quererlo ver
llenos de ceguera espiritual.

Tan cerca de mí,
tan cerca de mí,
que hasta lo puedo tocar,
Jesús está aquí.

Le hablaré sin miedo al oído,
le contaré las cosas que hay en mí;
y que solo a Él le interesaran,
Él es más que un mito para mí...

Tan cerca de mí *(bis)*
que hasta lo puedo tocar,
Jesús está aquí.

Canción
«Tan cerca de mí»

(Catequista) Ahora nos sentamos, para contemplar el **Sí** de María a Dios; María con su **Sí** abrió el cielo en la tierra y por obra del Espíritu Santo se pudo dar la encarnación del Hijo de Dios.

Os voy a contar la historia de cómo sucedió esto: «**En el mes sexto, el ángel Gabriel fue enviado por Dios a la ciudad de Nazaret, a una virgen llamada María, ella estaba prometida con un hombre llamado José. El ángel, entrando en su presencia, dijo: "Alégrate, llena de gracia, el Señor está contigo". Ella se turbó grandemente ante estas palabras y se preguntaba qué saludo era aquel. El ángel le dijo: "María, no tengas miedo. Dios te ha bendecido de manera especial. Vas a tener un hijo al que llamaras Jesús y su reino no tendrá fin". María dijo al ángel: "¿Cómo será esto posible? Aún no tengo esposo". El ángel le contestó: "El Espíritu Santo vendrá sobre ti y la fuerza del Altísimo te cubrirá con su sombra; por eso el Santo que va a nacer será llamado Hijo de Dios, porque para Dios nada hay imposible". María contestó: "He aquí la esclava del Señor; hágase en mí según tu palabra"**». (Lc 1, 26-38).

1 Padre nuestro

(Niño/a 1) Padre nuestro que estás en el cielo, santificado sea tu Nombre; venga a nosotros tu Reino; hágase tu voluntad en la tierra como en el cielo.

Todos: Danos hoy nuestro pan de cada día; perdona nuestras ofensas, como también nosotros perdonamos a los que nos ofenden; no nos dejes caer en la tentación, y líbranos del mal. Amén.

10 Ave Marías

(*(Niño/a 1) reza 5 Ave Marías y luego (Niño/a 2) reza otras 5 Ave Marías).*
Dios te salve, María, llena eres de gracia; el Señor es contigo. Bendita Tú eres entre todas las mujeres, y bendito es el fruto de tu vientre, Jesús.

Todos: Santa María, Madre de Dios, ruega por nosotros, pecadores, ahora y en la hora de nuestra muerte. Amén.

1 Gloria

(Niño/a 2) Gloria al Padre y al Hijo y al Espíritu Santo.

Todos: *Como era en el principio, ahora y siempre, por los siglos de los siglos. Amén.*

OFRENDA

(Catequista) Ahora os pasaran una cesta, para que podáis dejar en ella la flor que habéis traído a la Virgen María.

(Niño/a 3) *Pasa una cesta para recoger las flores de todos. Al terminar de recogerlas, hace una genuflexión ante Jesús Sacramentado y luego con la ayuda del sacerdote, deposita la cesta de las flores ante una imagen de la Virgen María.*

MOMENTO DE SILENCIO PARA ADORAR Y HABLAR CON JESÚS
(2 min.)

(Catequista) *(Hablar despacio)* María con su vida nos enseña, que la oración debe ir acompañada del silencio para que podamos encontrarnos con Jesús en nuestro interior.

Por eso ahora que tenéis el corazón bien dispuesto como María, haremos un ratito de silencio. Fija tu mirada en Jesús, que está ahí en el altar, y dile en silencio lo que quieras decirle tu corazón. *(El catequista deja 1 o 2 minutos de silencio).*

ORACIONES A JESÚS

(Catequista) Ahora vamos a pasar a leer unas oraciones a Jesús:

Cada niño o padre puede escoger la oración que prefiera de la lista y van pasando, uno a uno; luego, se pone de rodillas ante Jesus Sacramentado y lee la oración escogida.

Oraciones:

1 Jesús, Tú has venido al mundo por medio de la Virgen María; **¡gracias por darnos a tu Santísima Madre como Madre nuestra!**

2 ¡María, Madre de Dios y Madre nuestra! **Enséñame a orar como lo hacías tú y a estar así más cerca de Jesús.**

3 ¡María, Madre de Dios y Madre nuestra! **Ayúdame a parecerme cada día más a tu Hijo Jesús.**

4 Mamá María, fiel buscadora de la voluntad de Dios, **ayúdame a estar siempre disponible y abierto a ayudar a los demás como nos enseñó Jesús.**

5 **María de Nazaret, mujer de silencio y escucha,** enséñanos el valor de la oración en silencio para estar más unidos a tu Hijo Jesús.

6 **María de Nazaret, mujer purísima,** ayúdanos a conservar nuestro corazón limpio y puro, y a amar la virtud de la santa pureza.

7 María de Nazaret, tú dijiste: «**He aquí la esclava del Señor**». Porfa, ayúdame a aprender a decir SÍ a Dios en la obediencia, y a ser muy obediente con mis padres y superiores.

8 María de Nazaret, tú sufriste con amor, paciencia y esperanza. **Porfa, enséñame a ofrecer mis dolores al Señor y desear ayudar a todos los que sufren cerca de mi cualquier necesidad.**

REZAMOS JUNTOS

(Sacerdote) Ahora nos ponemos de pie para rezar juntos. Contentos por ser hijos de Dios, rezamos: *Padre Nuestro, Ave María* y *Gloria*.

BENDICIÓN EUCARÍSTICA

(Sacerdote) Ahora nos ponemos de rodillas para recibir la bendición de Dios *(durante la bendición **el catequista hace sonar la campanilla**)*.

*Concluida la bendición, mientras el sacerdote reserva el Sacramento en el tabernáculo, ♪ **todos cantamos** ♪:*

*Juntos como hermanos
miembros de una iglesia
vamos caminando
al encuentro del Señor.*

*Un largo caminar
por el desierto bajo el sol
no podemos avanzar
sin la ayuda del Señor.*

*Canción
«Juntos como hermanos»*

ORACIÓN A LA SAGRADA FAMILIA Y CANTO A LA VIRGEN MARÍA

(*Catequista*) Ahora nos ponemos de pie, porque llega un momento muy importante: consagramos a la Sagrada Familia de Nazaret a cada una de nuestras familias.

(*Padre/madre*) Jesús, María y José, en vosotros contemplamos el esplendor del verdadero amor; nos dirigimos a vosotros para que nos ayudéis a comprender la grandeza de la familia cristiana y para entregarnos con fe y decisión a la misión de educar a los hijos que Dios nos ha confiado. Amén.

♪ *Todos cantamos* ♪:

> *Traigo una rosa blanca para María,*
> ***para María*** *(bis)*
>
> *Es una rosa suave y sin espinas,*
> ***y sin espinas*** *(bis)*
>
> ***Porque el pecado no ha conocido,***
> ***porque sin mancha Ella ha vivido***
> ***por su pureza, su ser maternal,***
> ***por su dulzura y su santidad*** *(bis)*

Canción «Una rosa para María»

DESPEDIDA

(*Sacerdote*) *Propuesta:* Ahora el que desee confesarse puede acercarse al confesionario. Podéis ir en paz.

(*Todos*) Demos gracias a Dios.

ADORACIÓN 9: JUNIO

«Estoy feliz de morir, porque he vivido sin desperdiciar un minuto en cosas que no agradan a Dios»

BIENVENIDA
(Catequista de pie, los demás sentados)

(Catequista) *(Hablar despacio)* ¡Bienvenidos! Muchas gracias a todos por estar aquí.

¡Muy pronto nos vamos de vacaciones de verano!, por eso la Adoración de hoy queremos dedicarla a Jesús con un corazón agradecido. Un corazón agradecido por todo lo que en este año de catequesis y de adoración eucarística hemos compartido juntos.

La palabra de Dios dice: **«Estad siempre alegres. Dad gracias en toda ocasión: esta es la voluntad de Dios en Cristo Jesús respecto de vosotros»** (1 Tes 5, 18). Es decir, San Pablo nos pide que seamos siempre muy agradecidos.

INVOCACIÓN AL ESPÍRITU SANTO

(Catequista) Comenzamos: ✝ *En el nombre del Padre y del Hijo y del Espíritu Santo. R. Amén.*

Ahora vamos a rezar juntos al Espíritu Santo una breve oración para que nos asista en este encuentro. Repetid conmigo *(hablar despacio)*:

Ven, Espíritu Santo, llena nuestros corazones y enciende en ellos el fuego de tu amor. Envía, Señor, tu Espíritu y se renovará la faz de la tierra. Amén.

(*Sacerdote*) *Ante las vacaciones, podemos hacernos la siguiente reflexión: ¿Debo asistir a misa todos los domingos durante el verano? ¿O basta con que vaya algunos días que me venga bien? Sin embargo, Jesús nos dijo:* **«Amarás al Señor tu Dios con todo tu corazón, con toda tu alma, con toda tu mente»** *(Mt 22, 37). Y nuestra madre la Iglesia nos pide que vayamos cada domingo a la santa misa porque es el acto más importante para los cristianos, porque es allí donde nos encontramos con Jesús resucitado, le adoramos juntos, le damos gracias, le alabamos, le pedimos perdón, nos alimentamos nuestra alma con su Cuerpo y con su Sangre, y renovamos nuestro deseo de ser buenos hijos de nuestro Padre Dios y de nuestra Madre, la Iglesia.*

LA EXPOSICIÓN DEL SANTÍSIMO SACRAMENTO DE LA EUCARISTÍA

(*Sacerdote*) Ahora vamos a exponer a Jesús en la custodia. Para recibirlo con gran respeto y cariño, nos ponemos de rodillas ante Él, como señal de adoración, y hacemos silencio.

Durante la exposición del Santísimo, ♪ **todos cantamos** ♪:

**Tomado de la mano con Jesús yo voy,
le sigo como oveja que encontró el pastor,
tomado de la mano con Jesús yo voy, a donde él va** *(bis)*

*Si Jesús me dice amigo, deja todo y ven conmigo,
donde todo es más hermoso y más feliz.*

*Si Jesús me dice amigo, deja todo y ven conmigo,
yo mi mano pondré en la suya e iré con Él.*

Canción
«Tomado de la mano
con Jesús yo voy»

(Catequista) Ahora nos sentamos, para escuchar unas oraciones a Jesús. Al acabar cada oración respondemos todos:

Gracias Jesús, mi verano es para Ti.

(Niño/a 1) Jesús, gracias por la vida que me has regalado y por todas las cosas buenas que he aprendido en este curso de catequesis, gracias por mis catequistas, por nuestro párroco y por todos los amigos de la parroquia.

Todos: *Gracias, Jesús, mi verano es para Ti.*
♪ *Guitarra suave (durante 30 segundos).*

(Niño/a 2) ¡Jesús, quiero tenerte siempre a mi lado! Porfa, ayúdame durante el verano a tener un corazón dispuesto para venir y encontrarme contigo en la misa de cada domingo.

Todos: *Gracias, Jesús, mi verano es para Ti.*
♪ *Guitarra suave (durante 30 segundos).*

(Niño/a 3) Jesús, gracias por esperarme con los brazos abiertos en el sacramento de la confesión. Porfa, hazme valiente para que este verano no me olvide de confesarme, yo quiero estar siempre unido a Ti.

Todos: *Gracias, Jesús, mi verano es para Ti.*
♪ *Guitarra suave (durante 30 segundos).*

MOMENTO DE SILENCIO PARA ADORAR Y HABLAR CON JESÚS
(2 min.)

(Catequista) *(Hablar despacio)* Jesús Eucaristía vive en medio de nosotros, y para iluminarnos con la luz de su verdad dijo Jesús: **«Yo soy la luz del mundo; el que me sigue no camina en tinieblas, sino que tendrá la luz de la vida»** (Jn. 8, 12).

Ahora que estáis preparados y con un corazón bien dispuesto, haremos un ratito de silencio junto a Jesús. Míralo con cariño ahí en el altar y pídele de todo corazón: Jesús, dame tu luz, yo quiero ser como Tú. *(El catequista deja 1 minuto de silencio).*

Si no sabes que decirle a Jesús, ¡no te preocupes! Ofrécele este momento de silencio como un regalo. *(El catequista deja 1 minuto de silencio).*

ORACIONES A JESÚS

(Catequista) Ahora vamos a pasar a leer unas oraciones a Jesús. Cada niño o padre puede escoger la oración que prefiera de la lista y van pasando, uno a uno; luego, se pone de rodillas ante Jesus Sacramentado y lee la oración escogida.

Oraciones:

1   Jesús, en tus manos pongo mis vacaciones de este verano. **Ayúdanos a disfrutarlas en familia con amor y alegría.**

2   Jesús, **te doy gracias porque este verano pasaré más ratos con mi familia,** también te doy gracias por los ratos de descanso y alegría que pasaremos juntos.

3   Jesús, quisiera este verano acordarme de Ti en todos mis planes, pero sabes que a veces se me olvida. **Porfa, llévame de la mano para no despistarme.**

4   Jesús, gracias por el descanso que tendremos estas vacaciones. **Concédeme disfrutarlo con un corazón agradecido con mi familia y con mis amigos.**

5   Señor, bendice todos mis momentos de descanso. **Concédeme, que te sepa dar gracias con frecuencia y que te tenga siempre presente.**

6   Jesús, las próximas vacaciones quiero compartir muchos ratos de amistad con mi familia y contigo. **¡Deseo, Jesús, que mi verano sea para Ti!**

7   Gracias, Señor, por tantas cosas bonitas que has creado para nosotros: las flores, los pájaros, las montañas y el mar. **¡Por todo ello, gracias, Jesús!**

8   Jesús, dame tu luz, para que este verano sepa hacer la vida amable y divertida a los demás. **¡Que, con tu ayuda, mis padres, mis hermanos y yo lo pasemos muy bien!**

9   Jesús, concédenos tenerte presente durante nuestras vacaciones, y que, con tu ayuda, podamos encontrar momentos para estar más cerca de Ti en la oración en familia y en la Eucaristía.

(Sacerdote) Ahora nos ponemos de pie para rezar juntos. Contentos por ser hijos de Dios, rezamos: **Padre Nuestro, Ave María** y **Gloria**.

BENDICIÓN EUCARÍSTICA

(Sacerdote) Ahora nos ponemos de rodillas para recibir la bendición de Dios *(durante la bendición **el catequista hace sonar la campanilla**)*.

*Concluida la bendición, mientras el sacerdote reserva el Sacramento en el tabernáculo, ♪ **todos cantamos** ♪:*

Hoy, Señor, te damos gracias
por la vida, la tierra y el sol.
Hoy, Señor, queremos cantar
las grandezas de tu amor.

Gracias, Padre, mi vida es tu vida,
tus manos amasan mi barro,
mi alma es tu aliento divino,
tu sonrisa en mis ojos está.

Hoy, Señor, te damos gracias
por la vida, la tierra y el sol.
Hoy, Señor, queremos cantar
las grandezas de tu amor.

Canción
«Hoy, Señor,
te damos gracias»

ORACIÓN A LA SAGRADA FAMILIA Y CANTO A LA VIRGEN MARÍA

(Catequista) Ahora nos ponemos de pie, porque llega un momento muy importante: consagramos a la Sagrada Familia de Nazaret a cada una de nuestras familias.

(Padre/madre) Sagrada Familia de Nazaret, ¡bendícenos! Haced que nuestra familia esté muy unida a cada uno de vosotros, Jesús, María y José. Concédenos que siempre tengamos a Dios en el centro de nuestro hogar, que sepamos comprender su voluntad y la cumplamos cada día en nuestras vidas. Amén

♪ *Todos cantamos* ♪:

María mírame (bis)
si tú me miras, Él también me mirará.
Madre mía mírame, de la mano llévame
muy cerca de Él, que ahí me quiero quedar.

María cúbreme con tu manto,
que tengo miedo, no sé rezar
que por tus ojos misericordiosos,
tendré la fuerza, tendré la paz.

María mírame (bis)
si tú me miras, él también me mirará.
Madre mía mírame, de la mano llévame
muy cerca de Él, que ahí me quiero quedar.

Canción
«María mírame»

DESPEDIDA

(Sacerdote) *Propuesta:* Ahora el que desee confesarse puede acercarse al confesionario. Podéis ir en paz.

(Todos) Demos gracias a Dios.

Examen de conciencia para antes de la confesión

- ¿Rezas cada día? ¿Hablas frecuentemente con Jesús y con la Virgen María?
- ¿Obedeces a tus padres? ¿Les respetas y les ayudas en casa?
- ¿Te portas bien con tus hermanos, con los abuelos, con los maestros…?
- ¿Has ido a misa todos los domingos? Si faltaste, ¿fue por una razón muy seria?
- ¿Te esfuerzas para llevar bien los estudios o los descuidas por pereza?
- ¿Eres buen compañero o a veces insultas y maltratas?
- ¿Has pensado mal de otros o les has criticado?
- ¿Has sido violento en casa o con tus compañeros?
- ¿Haces cosas impuras? ¿Rechazas enseguida los pensamientos impuros?
- ¿Has manchado tu alma mirando cosas impuras?
- ¿Dices mentiras? ¿Has difamado o calumniado?
- ¿Has dado mal ejemplo en casa o a tus compañeros?
- ¿Te has quedado con algo que no es tuyo?
- ¿Eres avaricioso y egoísta? ¿Compartes tus cosas con los demás?
- ¿Has callado en la confesión por vergüenza algún pecado grave?

«Nuestra alma es como un globo aerostático. Si por casualidad hay un pecado mortal, el alma cae al suelo. La confesión es como el fuego debajo del globo que permite al alma volver a elevarse. Es importante ir a confesarse con frecuencia»

CARLO ACUTIS

Una vez terminado tu examen de conciencia y antes de confesarte, debes hacer un acto de contrición. Para ello puedes rezar piadosamente el **acto de contrición:**

¡Señor mío, Jesucristo! Dios y Hombre verdadero, Creador, Padre y Redentor mío; por ser Vos quien sois, Bondad infinita, y porque os amo sobre todas las cosas, me pesa de todo corazón de haberos ofendido; también me pesa porque podéis castigarme con las penas del infierno. Ayudado de vuestra divina gracia propongo firmemente nunca más pecar, confesarme y cumplir la penitencia que me fuere impuesta. Amén.

¡Recuerda los pasos para hacer una buena confesión!

1. Examen de conciencia

2. Dolor de los pecados

3. Propósito de enmienda

4. Decir los pecados al confesor

5. Cumplir la penitencia

ORACIÓN A CARLO ACUTIS

Oh Dios, nuestro Padre,
gracias por habernos dado a Carlo,
modelo de vida para los jóvenes y mensaje
de amor para todos. Tú has hecho que
se enamore de tu hijo Jesús, haciendo de la
Eucaristía su «autopista hacia el cielo».
Tú le has dado a María como madre muy amada,
y has hecho que con el Rosario se convirtiese
en un cantor de su ternura. Acoge su intercesión
por nosotros. Mira sobre todo a los pobres,
a quienes él amó y ayudó.
[También a mí concédeme, por su intercesión,
la gracia que necesito...]
Y haz que nuestra alegría sea plena,
y que su sonrisa siga resplandeciendo para nosotros
y para gloria de tu nombre.
Amén.

(Rezar un Padre Nuestro, un Ave María y un Gloria).